curiosidad por

NIKE

I0813260

POR RACHEL GRACK

AMICUS LEARNING

¿Qué te causa

curiosidad?

Curious About está publicado por
Amicus Learning, un sello de Amicus.
P.O. Box 227
Mankato, MN 56002
www.amicuspublishing.us

Copyright © 2026 Amicus.
Derechos de autor internacionales reservados en todos los países.
Prohibida la reproducción total o parcial de este libro
en cualquierforma sin permiso escrito del editor.

Editora: Ana Brauer
Diseñadora de la serie: Kathleen Petelinsek
Diseñadora del libro e investigadora fotográfica: Sara Hood

Library of Congress Cataloging-in-Publication Data
Names: Koestler-Grack, Rachel A., 1973– author.
Title: Curiosidad por Nike / by Rachel Grack.
Other titles: Curious about Nike. Spanish
Description: Mankato, MN: Amicus Learning, an imprint of Amicus, [2026] | Series: Curiosidad por las marcas favoritas | Includes index. | Audience term: Children | Audience: Ages 6–9 | Audience: Grades 2–3 | Summary: "Who invented Nike? Spark elementary readers' curiosity about the popular sports brand's history, products, and cultural impact with insightful questions and well-researched answers. Translated into North American Spanish. Includes table of contents, glossary, and index"—Provided by publisher.
Identifiers: LCCN 2024052097 (print) | LCCN 2024052098 (ebook) | ISBN 9798892006934 (library binding) | ISBN 9798892007535 (paperback) | ISBN 9798892008136 (ebook)
Subjects: LCSH: Nike (Firm)—Juvenile literature. | Sport clothes Industry—Juvenile literature. | Athletic shoes—Juvenile literature. | Brand name products—Juvenile literature.
Classification: LCC HD9948.5.U64 N5547518 2026 (print) | LCC HD9948.5.U64 (ebook) | DDC 338.7/68716—dc23/eng/20250105
LC record available at https://lccn.loc.gov/2024052097
LC ebook record available at https://lccn.loc.gov/2024052098

Créditos fotográficos: Alamy Stock Photo/Ascannio, 2, 8, frantic, 14–15, News Images LTD, 9, Richard Wayman, 5; Dreamstime/Bonniecocos, cover, 1; Getty Images/Christian Petersen, 18–19, Cindy Ord, 4, John Iacono, 2, 17, Kirby Lee, 3, 20–21; Pexels/Andrius Šimkus, 13, Kaone Makoko, 11; Newscom/Anthony Behar/Sipa USA, 6–7; Shutterstock/artyaroslav, 9, IMAD_2442, 9, Lottie Lubbock, 9, Nattawit Khomsanit, 9; The Noun Project/Idwan Kurnia, 22, Maxicons, 22, Md Moniruzzaman, 23; Wikimedia Commons/Carolyn Davidson, 12, Carolyn Davidson, Nike, 12, 23, Nike, Inc., 12, unknown, 12

Se ha hecho todo lo posible para contactar a los titulares de los derechos de autor del material reproducido en este libro. Cualquier omisión se corregirá en ediciones posteriores si se notifica al editor.

Impreso en India

¿Cuándo comenzó Nike?

El primer par de zapatillas de Nike salió en 1972.

En 1964. Phil Knight y Bill Bowerman abrieron Blue Ribbon Sports. Vendían zapatillas para correr de Japón. En 1971, comenzaron a fabricar sus propios estilos. La empresa recibió un nuevo nombre: Nike. Hoy Nike vende mucho más que zapatillas. Es la **marca** deportiva más grande del mundo.

Nike vende calzado para la mayoría de los deportes.

¿SABÍAS QUE...?
Nike recibe su nombre de la diosa griega de la victoria.

¿Cuál fue el primer calzado de Nike?

Las Waffle Trainers rápidamente se convirtieron en las más vendidas.

Fueron las Waffle Trainers. Bowerman quería hacer un calzado con un buen agarre. Su desayuno le dio una idea: ¡una **pisada** con forma de waffle! Usó su plancha de waffles para hacer la **suela**. Este calzado era ideal para la tierra y el césped. Nike las sigue haciendo.

¿SABÍAS QUE...?

Las Waffle Trainers recibieron el apodo de "Zapatos lunares". La suela hacía acordar a las huellas del hombre en la Luna.

¿Cuál es el producto más vendido de Nike?

Nike vende más de 780 millones de pares de zapatillas por año.

¡Las zapatillas, por supuesto! Bowerman y Knight vendían sus zapatillas de running en las competencias de atletismo. Pronto comenzaron a hacer calzado para otros deportes. Trabajaron con atletas para fabricar las mejores zapatillas. Nike se hizo conocida por su alta **calidad** y **rendimiento**.

CALZADO DEPORTIVO NIKE

CORRIENDO

BALONCESTO

FÚTBOL

PATINAJE

GOLF

¿Cuándo comenzó Nike a fabricar ropa?

En 1979, la compañía agregó la Windrunner, una chaqueta liviana para corredores. Era tan elegante que la gente empezó a usar Nike para cualquier momento del día. La chaqueta se convirtió en uno de los mayores éxitos de Nike. Fue un verdadero punto de inflexión para el negocio.

Desde 1979, Nike ofrece muchísimas opciones de indumentaria.

¿Qué es "la pipa"?

Es el **logo** de Nike. Tiene la forma del movimiento, como de un corredor en la largada. La frase "Just Do It" le agrega fuerza. Quiere decir que dejes de pensar tanto y que des ese primer paso hacia la meta. Puedes ser genial. ¿Tienes miedo de intentarlo? Solo hazlo.

LOGOS DE NIKE A LO LARGO DE LOS AÑOS

El calzado para running es uno de los productos más populares de Nike.

¿Nike tiene alguna otra compañía?

Las Converse comenzaron como zapatillas de baloncesto en 1917.

¡Sí! Nike compra compañías para armar su línea de productos. Compró Converse en 2003. Nike también posee la marca Air Jordan. A veces, Nike vende una empresa después de comprarla. Los productos van y vienen. A menudo se convierten en objetos de colección.

¿Cuándo se fabricaron las Air Jordan?

El primer par fue lanzado en abril de 1985. Michael Jordan firmó un acuerdo con la compañía cuando era un **novato**. Fue una jugada excelente para Nike. Jordan se convirtió en una superestrella del baloncesto. Ahora es el rostro más famoso de Nike. Hasta ahora se lanzaron 38 líneas de Air Jordan, son las más vendidas de todos los tiempos.

Michael Jordan usó las Air Jordan por primera vez en noviembre de 1984.

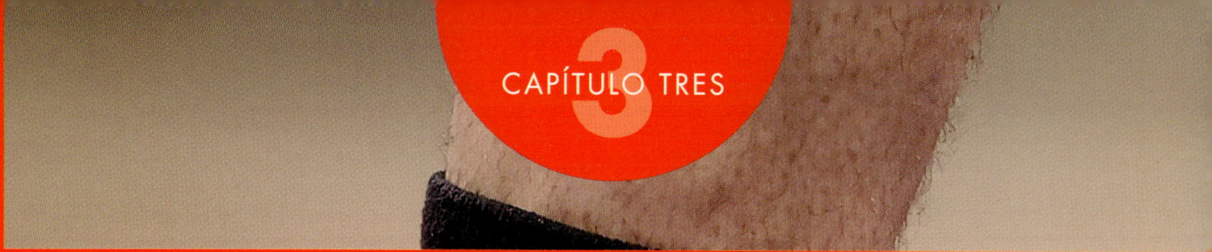

3 CAPÍTULO TRES

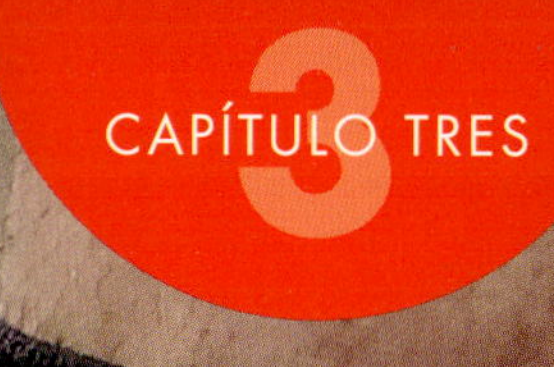

¿La NBA prohibió las zapatillas Nike?

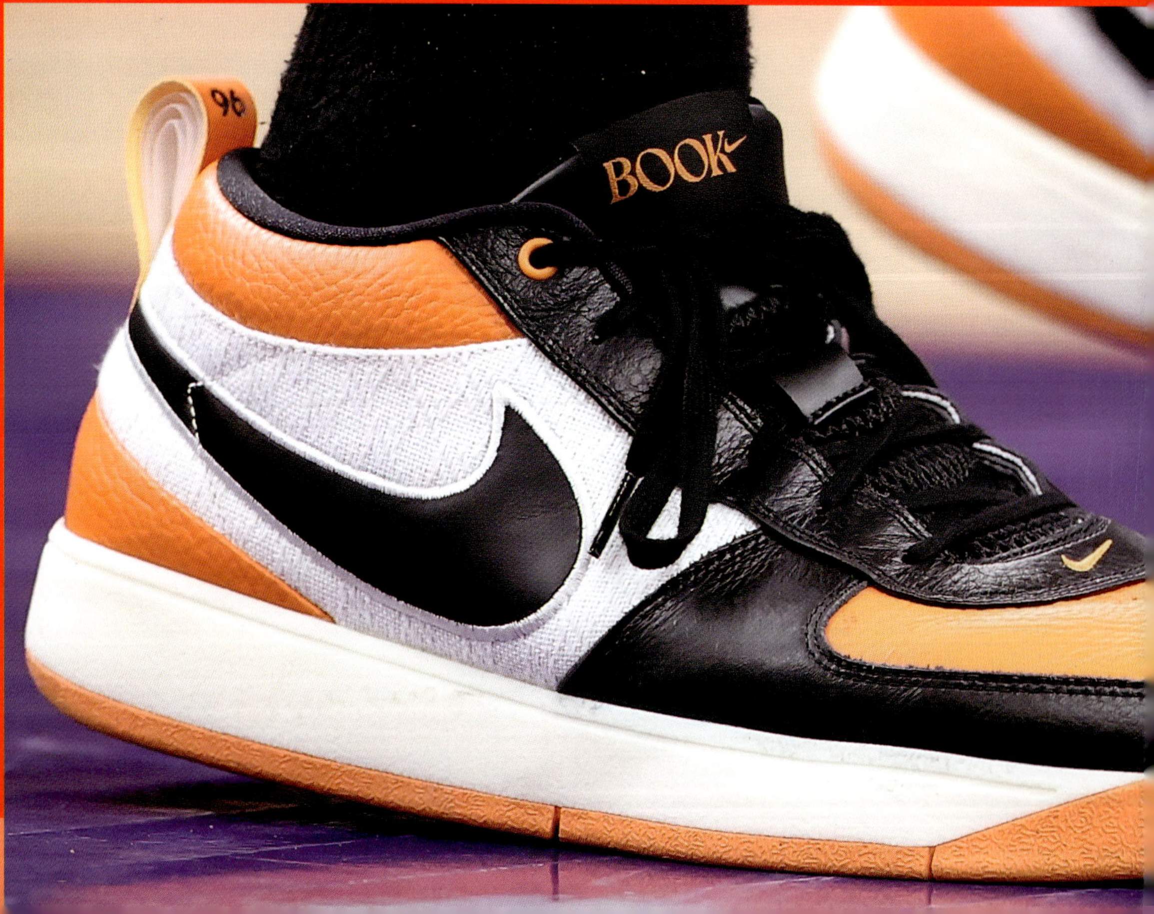

Algo así. Una vez prohibió las Air Jordan. En la Asociación Nacional de Baloncesto (NBA), las zapatillas de baloncesto tenían que ser mayormente blancas o negras. Las zapatillas de Jordan, de color negro y rojo, rompían las reglas. Él las usaba de todos modos. La multa era de $5,000 por partido. Nike pagaba con gusto.

En 2024, Nike lanzó una línea de zapatillas con Devin Booker, jugador de Phoenix Suns.

¿SABÍAS QUE...?
La NBA cambió sus reglas para el calzado en 2018. Ahora los jugadores pueden usar zapatillas del color que quieran.

¿Las zapatillas Nike te pueden ayudar a correr más rápido?

En realidad, no. Pero algunas zapatillas tienen un alto **retorno de energía**. No te dan potencia, simplemente tienen una suela especial. Le agregan una suspensión a tu paso y cuando corres pierdes menos energía. Los estilos más nuevos de Nike también usan menos energía en su fabricación. Tal vez no corras más rápido, pero ayudas al medio ambiente. Preparados, listos, ¡ya!

Nike fabrica calzado y ropa nueva todos los años.

¡MANTÉN TU CURIOSIDAD!

HAZ MÁS PREGUNTAS

¿Cuál es el mejor calzado para mí?

¿Qué atletas tienen contratos con Nike?

Prueba con una PREGUNTA GRANDE: ¿Qué tipo de ropa deportiva diseñaría yo?

BUSCA LAS RESPUESTAS

Busca en el catálogo de la biblioteca o en Internet.
Pueden ayudarte tus padres, un bibliotecario o un maestro.

Usar palabras clave
Busca la lupa.

Las palabras clave son las palabras más importantes de tu pregunta.

¿

Si quieres saber sobre

- zapatillas para probar, escribe: PRUEBA ANTES DE COMPRAR NIKE
- Contratos de Nike, escribe: PATROCINIOS NIKE DE CELEBRIDADES

Sotheby's
HARRY

GLOSARIO

calidad Cuán bien está hecho algo.

logo Una imagen que representa a una compañía.

marca Un grupo de productos hechos por la misma compañía o que le pertenecen.

novato Atleta que viene jugando un deporte profesional durante menos de un año.

pisada La superficie en la parte inferior de un calzado que tiene un cierto dibujo.

rendimiento La acción de llevar a cabo una acción, tarea o función.

retorno de energía La cantidad de rebote dentro del calzado una vez que el pie toca el suelo.

suela La parte externa de la base de un calzado.

ÍNDICE

Acerca de la autora

Rachel Grack es editora y escritora de libros para niños desde 1999. Vive en un pequeño rancho en el sur de Arizona. Como buena amante de las historias, lleva a Disney en su corazón. Disfruta ver cómo sus nietos juegan los juegos de Pokémon en su consola Nintendo 64.